www.ingramcontent.com/pod-product-compliance
Lightning Source LLC
Chambersburg PA
CBHW081013040426
42444CB00014B/3196
* 9 7 8 1 9 4 1 7 7 5 3 3 2 *